AF229928

GRAMMAIRE ANGLAISE

EN

Six Tableaux Synoptiques,

PAR M. C., PROFESSEUR D'ANGLAIS

dans l'Institution de M. l'Abbé Poiloup.

CHEZ **PÉRISSE FRÈRES**, LIBRAIRES,

A LYON,   A PARIS,

Rue Mercière, n° 33.   Rue du Pot-de-Fer-St.-Sulpice, n° 8.

MVCCCXXXVII.

Imprimerie de J. DELACOUR, à Meudon
et à Vaugirard rue de Sèvres, 94.

GRAMMAIRE ANGLAISE

EN

Six Tableaux Synoptiques,

PAR M. C., PROFESSEUR D'ANGLAIS

dans l'Institution de M. l'Abbé Poiloup.

CHEZ **PÉRISSE FRÈRES**, LIBRAIRES,

A LYON,
Rue Mercière, n° 33.

A PARIS,
Rue du Pot-de-Fer-St.-Sulpice, n° 8.

MVCCCXXXVII.

Imprimerie de J. DELACOUR, à Meudon
et à Vaugirard rue de Sèvres, 94.

ERRATA.

Tableau n° 2. — 1re ligne; *might*, puissant; lisez *might*, puissance.

    id.   Aux pronoms personnels, génitifs possessifs, 3e personne du pluriel; *theins;* lisez *theirs.*

Tableau n° 6. — Prépositions qui entrent dans la composition des verbes; ajoutez : Adjectifs et Noms.

    id.   Aux Conjonctions disjonctives, *Either* or; lisez *Either-or.*

Une longue Grammaire endort & fatigue de jeunes mémoires, & si par hasard elle laisse quelque chose dans l'intelligence, c'est l'ennui & le dégout des études sérieuses ; mais si le désordre & la confusion se joignent à la prolixité, si les règles, les notes, les observations & les principes fondamentaux sont jetés pêle-mêle, comme au hasard, se casant sous quelque bizarre exemple, qu'attendre d'un genre d'étude où le jugement & la raison sont mis de côté, où la mémoire seule travaille pour se blaser bientôt ! Voila ce qui m'a décidé à donner un Tableau synoptique des principes de la Langue anglaise. Un opuscule de ce genre pourrait se graver plus facilement dans la mémoire, puisque l'œil & l'intelligence travailleraient à la fois ; & s'il renfermait les règles, les explications et les exemples d'une Grammaire & même la dérivation des mots, il pourrait alors servir de guide à celui qui apprend, faire ressouvenir celui qui a oublié ; et l'esprit qui saurait déjà pourrait trouver un point d'appui pour arrêter et enchainer toutes ses idées. Je l'avouerai avec sincérité & surtout avec gratitude, c'est principalement de la profonde érudition de M. Spiers & de la savante méthode de M. Robertson, que me vint l'idée de ce petit ouvrage ; aussi la haute réputation que ces deux Professeurs ont acquise par leurs talents & leur travail, les progrès qu'ils ont fait faire à la science, & la grande confiance qui les environne, me font espérer le succès d'un ouvrage entièrement basé sur leurs systèmes.

L'ARTICLE ET LE NOM.

L'ARTICLE.

ARTICLE DÉFINI. (LE, LA, LES.)
- *The*, pour tous les genres et pour tous les nombres.
- On ne l'exprime pas dans un sens général et devant les noms propres.

ARTICLE INDÉFINI. (UN, UNE.)
- *A*, devant les consonnes et la voyelle *u* prononcée *yu*.
- *An*, devant une voyelle ou une *h* muette.

ARTICLE PARTITIF. (DE, UN.)
- *Some*, quand il n'y a ni interrogation ni dubitation : Donnez-moi du pain, *Give me some bread.*
- *Any*, quand il y a interrogation et dubitation : Avez-vous du pain? *Have you any bread ?* Si j'en avais, *If I had any.*

LE NOM.

DÉRIVATION DES NOMS.

TERMINAISON DES NOMS DÉRIVÉS D'AUTRES SUBSTANTIFS :
- *ship*, dénote l'état, la manière d'être du primitif : *rectorship*. Rectorat (*rector*, recteur).
- *hood*, — le caractère, la condition du primitif : *childhood*, enfance (*child*, enfant).
- *head*, — la même chose que *hood* : *godhead*, divinité (*God*, Dieu).
- *dom*, — la domination, la condition du primitif : *kingdom*, royaume (*king*, roi).
- *wic, ric*, — la juridiction du primitif : *bailywic*, baillage; *bishopric*, évêché (*bishop*, évêque).
- *ess*, — le féminin du primitif : *princess*, princesse.
- *kin*, *ling*, *erel*, *ock*, *et, let*, dénotent le diminutif du primitif : *lambkin*, petit agneau (*lamb*, agneau). *lordling*, petit lord (*lord*, seigneur). *cockerel*, petit coq (*cock*, coq). *hillock*, petite colline (*hill*, colline). *streamlet*, petit ruisseau (*stream*, ruisseau).
- *ery*, dénote l'état du primitif : *slavery*, esclavage (*slave*, esclave).
- *full*, indique que le primitif est plein : *a handful*, une main pleine, une poignée (*hand*, main).

TERMINAISON DES NOMS DÉRIVÉS DES ADJECTIFS :
- *ness* : *firmness*, fermeté (*firm*, ferme).
- *ship* : *hardship*, fatigue (*hard*, dur).
- *ery* : *bravery*, bravoure (*brave*, brave).
- *hood* : *falsehood*, fausseté (*false*, faux).
- *dom* : *wisdom*, sagesse (*wise*, sage).

NOMS DÉRIVÉS DU VERBE :
- L'infinitif, sans aucune modification; exemple : *a drink*, une boisson (*to drink*, boire).
- Le participe présent peut presque toujours devenir un nom : *a beating*, des coups (*to beat*, battre).
- Le participe passé se modifie et devient un nom : *a stroke* (*strook*) un coup.
- *er*, dénote celui qui fait l'action du verbe : *binder*, relieur (*to bind*, relier).
- *ard*, indique l'habitude dans celui qui fait l'action du verbe : *dotard*, radoteur (*to dote*, radoter).

LE GENRE.

- *masculin*, ce qui est mâle.
- *féminin*, ce qui est femelle.
- *neutre*, ce qui n'est ni mâle, ni femelle.

LE NOMBRE. FORMATION DU PLURIEL.

En général, le pluriel se forme en ajoutant *s* au singulier : *garden*, jardin; *gardens*.

LES NOMS TERMINÉS :
- 1° par *ch, sh, x, o, ss, s*, font le pluriel en *es* : *church*, église; *churches*.
- 2° par *f* ou *fe*, le changent en *ves*; ceux terminés par *oof, ff, rf, ief* (excepté *thief*), prennent un *s* : *calf*, veau; *calves*; — *roof*, toit; *roofs*.
- 3° par *y*, précédé d'une consonne, changent cet *y* en *ies* : *city*, cité; *cities*.

LES NOMS ÉTRANGERS :
- hébreux, font le pluriel en *im* : *seraph*, *seraphim*.
- saxons, font le pluriel en *en*, ou en contractant *ous* en *ic*, et *oo* en *ee* : *mouse*, *mice*; *foot*, *feet*.
- latins et grecs, gardent leur propre pluriel : *genus*, genre; *genera*.

LES CAS.

FORMÉS AU MOYEN DES PRÉPOSITIONS.
- *of*, de (génitif).
- *to*, à (datif).
- *from*, de (ablatif).

GÉNITIF POSSESSIF.
- Quand on parle d'un être animé, de l'heure, ou de la dimension, on peut mettre après le mot qui est au génitif, un apostrophe, et de plus un *s*, si le mot ne finit pas déjà par un *s*; alors la construction est ainsi : 1° l'article ou pronom; 2° le génitif; 3° le nominatif.

NOMS DE NOMBRE.

NOMBRES CARDINAUX.	1	2	3	4	5	6	7	8	9	10	11	12	13
	one	two	three	four	five	six	seven	eight	nine	ten	eleven	twelve	thirteen
NOMBRES ORDINAUX.	first	second	third	fourth	fifth	sixth	seventh	eighth	ninth	tenth	eleventh	twelfth	thirteenth

Suite	15	20	21	30	40	50	60	100	1000	1,000,000
DES NOMBRES CARDINAUX.	fifteen	twenty	twenty one	thirty	forty	fifty	sixty	a hundred	a thousand	a million
DES NOMBRES ORDINAUX.	fifteenth	twentieth	twenty first	thirtieth	fortieth	fiftieth	sixtieth	hundredth	thousandth	millionth

FORMATION DES AUTRES NOMS DE NOMBRE CARDINAUX ET ORDINAUX.

Nombres cardinaux.
- 1° Pour 14, 16, 17, 18, 19, ajoutez *teen* à *four, six, seven, eigh, nine*. Pour 70, 80, 90, ajoutez *ty* à *seven, eigh* et *nine*. Ces noms de nombre se forment régulièrement en ajoutant *teen* et *ty* aux unités.
- 2° Les centaines, milliers et millions, suivis de dixaines ou d'unités en l'absence des dixaines, en sont séparés par *and* (et). De même pour les nombres ordinaux.

Nombres ordinaux.
- 1° Pour 14, 16, 17, 18, 19, ajoutez *th* au nombre cardinal. Pour 22, 23, etc., mettez la dixaine cardinale, et l'unité ordinale. Pour 70, 80, 90, mettez *ieth* à la place de l'*y* qui termine le nombre cardinal.
- 2° La quantième du mois, l'ordre de la succession des rois, les divisions d'un livre prennent le nombre ordinal.

L'ADJECTIF ET LE PRONOM.

L'ADJECTIF

L'adjectif est invariable et doit toujours précéder le nom, à moins que le sens ne se rapporte à ce qui suit.—Ex. Un enfant studieux ; *A studious child.* Un enfant studieux en classe ; *A child studious in class.*

TERMINAISON DES ADJECTIFS.

y, marque la qualité du primitif : *mighty*, puissant ; (*might*, puissant).
ful, marque la plénitude : *joyful*, joyeux ; (*joy*, joie).
some, marque une plénitude plus restreinte : *troublesome*, ennuyeux ; (*trouble*, ennui, trouble).
less, est privatif : *joyless*, sans joie.
like, *ish*, *ly*, } dénotent ressemblance : { *godlike*, divin ; (*god*, dieu). *childish*, enfantin ; (*child*, enfant). *manly*, mâle ; (*man*, homme).
en, terminaison d'un adjectif qui désigne la matière dont une chose est faite : *wooden*, de bois ; (*wood*, bois).
ish, ajouté à un adjectif, marque un diminutif : *blueish*, bleuâtre ; (*blue*, bleu).

DEGRÉS DE COMPARAISON.

COMPARAISON D'ÉGALITÉ.
aussi....que { aussi doux que vous. / as......as { as mild as you.
pas si....que { pas si doux que vous. / not so ..as { not so mild as you.

COMPARAISON D'INFÉRIORITÉ.
moins...que { moins doux que vous. / less... than { less mild than you.

COMPARAISON DE SUPÉRIORITÉ.

Comparatif.
plus.....que / more..than } se met devant un adjectif de plus de deux syllabes.

er.....than

er est ajouté au positif d'une ou de deux syllabes. Le positif comme *or* dans le latin ; *doctior.* — Cette terminaison est ajoutée au positif d'une ou de deux syllabes. Le positif subit quelquefois certaines modifications.

1º Un mot finissant par un *e* muet ne le conserve pas ;
2º Si un mot finit par une consonne non précédée d'une diphtongue, on redouble cette consonne : *red*, rouge ; *redder* ;
3º Si un mot finit par *y* précédé d'une consonne, on change *y* en *i*.

Superlatif.
le plus..*most* } se met devant un adjectif de plus de deux syllabes.

le plus..*est*

est répond au *ssimus* latin, *doctissimus.* — Cette terminaison est ajoutée au positif d'une ou de deux syllabes. Le positif subit alors les mêmes modifications que pour le comparatif en *er.*

LE PRONOM

PRONOMS PERSONNELS

		Singulier.		3ᵉ personne.			Pluriel.		
		1ʳᵉ person.	2ᵉ person.	masculin.	féminin.	neutre.	1ʳᵉ personne.	2ᵉ personne.	3ᵉ personne.
	NOMINATIF.	*I,* je	*thou,* tu,	*he,* il,	*she,* elle,	*it,* il,	*we,* nous,	*you,* vous,	*they.* ils
	GÉNITIF POSSESSIF *.	*mine,* mien,	*thine,* tien,	*his,* sien,	*hers,* sienne,	*its,* sien,	*ours,* nôtres,	*yours,* vôtres,	*theirs.* leurs.
	CAS OBJECTIF (ou régime suivant toujours le verbe).	*me,* me,	*thee,* te,	*him,* le,	*her,* la,	*it,* le,-	*us,* nous,	*you,* vous,	*them.* les.
PRONOMS PERSONNELS RÉFLÉCHIS.		*myself,* moi-même	toi-même *thyself,*	*himself,* lui-même (one self, soi-même, se)	*herself,* elle-même	*itself,* lui-même	*ourselves,* nous-mêmes	*yourselves* vous-mêmes	*themselves.* eux-mêmes
	POSSESSIFS.	*my,* mon,	*thy,* ton,	*his,* son,	*her,* sa,	*its,* son,	*our,* nos,	*your,* vos,	*their.* leurs.

Pour conjuguer le verbe réfléchi, on n'a qu'à mettre ces pronoms après le verbe.

PRONOMS ADJECTIFS

DÉMONSTRATIFS.

Singulier:
ce (rapproché), *this.*
ce (éloigné), *that.*
celui, *he.*
celle, *she.*
celui (neutre), *that.*

Pluriel.
ces (rapprochés), *these.*
ces (éloignés), *those.*
ceux, celles, *they, those.*
ceux, celles (neutre), *those.*

INDÉTERMINÉS.

Distributifs.
each, chacun ; *every*, chaque.
either, l'un ou l'autre (*uter*).
neither, ni l'un ni l'autre (*neuter*).
both, tous deux (*ambo*).

Généraux.
some, quelque, quelques, quelques-uns.
other, autre ; *each other*, l'un l'autre.
any, quelque, quelques, quel que ce soit, qui que ce soit.
all, tout.
such, tel.
one, un, quelqu'un, on. { Rendez toujours *on* par le verbe au passif.

PRONOMS RELATIFS

POUR LES ÊTRES ANIMÉS.

qui, que, {
Sujet..........*that, who* (qui).
Génitif.........*whose* (dont).
Régime........*whom* (que).

quiconque, {
Sujet..........*whoever.*
Régime........*whomsoever.*

POUR LES ÊTRES INANIMÉS ET LES ANIMAUX.

qui, que, { *Sujet et Régime.that, which.*

quelque, que, quiconque, } *Sujet et Régime.whatever.*

---

* Murray regarde ce pronom comme le génitif possessif des pronoms personnels. J'ai cru devoir adopter son opinion, d'autant plus qu'à l'exception de *mine*, *thine* et *his*, les autres pronoms se forment, comme le génitif possessif, par l'addition d'un *s*. Ils diffèrent de plus du pronom possessif français en ce que l'article ne les précède jamais.

LE VERBE.

DÉRIVATION DU VERBE.

VERBES DÉRIVÉS D'UN SUBSTANTIF.
- Sans aucun changement : *to salt*, saler, (*salt*, sel).
- En allongeant la voyelle et adoucissant la consonne : *to graze*, paître le gazon (*grass*, gazon).
- Par l'addition d'une terminaison : *fy*, *ify*, marquent que l'on change en le primitif : *fishify*, rendre poisson (*fish*, poisson). — *ize*, dénote que l'on fait comme le primitif : *womanize*, efféminer (*woman*, femme).

VERBES DÉRIVÉS D'UN ADJECTIF.
- Sans aucun changement : *to warm*, échauffer (*warm*, chaud).
- Par l'addition d'une terminaison : *er*, dénote que l'on rend, ou l'on devient comme le primitif : *to lower*, abaisser (*low*, bas). — *en*, marque la même chose que *er* : *to blacken*, noircir (*black*, noir).

VERBES DÉRIVÉS D'UN ADVERBE.
- Sans aucun changement : *to forward*, faire avancer (*forward*, en avant).

VERBES AUXILIAIRES.

Lorsqu'il y a déjà un verbe auxiliaire aidant à conjuguer un temps, on n'en met pas d'autres. Lorsqu'un verbe à l'infini suit un verbe auxiliaire, on retranche la préposition to, ought *fait exception.*

1° HAVE .. HAD...... (INDICATIF PRÉSENT. / PRÉTÉRIT DE L'INDICAT.)

Verbe AVOIR. — Devant un participe passé, il marque le prétérit indéfini qu'il faut employer quand il y a extension du passé jusqu'au présent. Il se conjugue comme un verbe régulier, avec cette seule différence, que la 2e personne du singulier de l'indicatif présent est *hast*, la 3e *has*, et le prétérit et participe passé, *had*.

2° AM .... WAS.......

Verbe ÊTRE. — On s'en sert pour conjuguer un verbe en le faisant suivre du participe présent de ce verbe : *I am loving*, je suis aimant, j'aime.

Conjugaison de ce verbe.

INFINITIF PRÉSENT.		PARTICIPE PRÉSENT.		PARTICIPE PASSÉ.
To be, être.		*Being*, étant.		*Been*, été.

INDICATIF PRÉSENT.	PRÉTÉRIT DE L'INDICATIF.
I am (je suis)	*I was* (je fus)
Thou art.	*Thou wast.*
He is.	*He was.*
We are.	*We were.*
You are.	*You were.*
They are.	*They were.*

FUTUR ET CONDITIONNELS. — Se conjuguent régulièrement par le moyen des verbes auxiliaires *will* et *shall*, après lesquels vous ajouterez *be* (être).

IMPÉRATIF ET SUBJONCTIF (PRÉSENT ET PRÉTÉRIT). — L'impératif se conjugue régulièrement avec l'auxiliaire *let* et *be*. Le subjonctif présent se conjugue en mettant *that* et les pronoms personnels devant *be*; pour le prétérit du subjonctif, mettez *that* (que), et les pronoms personnels devant *were* (2e personne du singulier *wert*).

3° DO ..... DID........

Verbe conjugué affirmativement. — Conjuguez ce verbe *do*, et ajoutez après l'infinitif du verbe que vous conjuguez affirmativement, en retranchant toutefois la préposition *to*. — On n'emploie pas *to do* à l'infinitif, ni aux participes : *i do love*, j'aime.

Verbe conjugué négativement. — Conjuguez le verbe *do*, et mettez après lui la négation *not* avec l'infinitif du verbe que vous conjuguez négativement; *not* est toujours après le verbe auxiliaire : *i do not love*, je n'aime pas.

Verbe conjugué interrogativement. — On conjugue d'abord *to do*, et on le fait suivre du pronom et du verbe que l'on conjugue interrogativement : *do i love*, est-ce que j'aime ; *do* ne s'emploie pas dans les temps où il y a déjà un verbe auxiliaire; ceci s'applique aussi aux verbes conjugués affirmativement, négativement, interrogativement et négativement.

Négativement et interrogativement. — Suivez la même règle que pour l'interrogation seule, en observant seulement de faire suivre le pronom par *not*.

4° LET ... LET...... — *Marque permission et commandement.* — On s'en sert pour conjuguer l'impératif, excepté les deux secondes personnes où l'on met l'infinitif sans la proposition *to*.

5° WILL .. WOULD.....
- 1re *Personne*... Prédiction et volonté.
- 2e *Personne*... Prédiction seulement.
- 3e *Personne*... Prédiction seulement.

Will aurait pour signification approximative *vouloir*, et *shall*, *devoir*, *falloir*. On se sert de ces deux verbes pour conjuguer les deux futurs et les deux conditionnels, de *will* et de *shall* pour le futur de *simple énoncé* (ou *prédiction seulement*) et le futur de *prédiction et de volonté*.

6° SHALL... SHOULD....
- 1re *Personne*... Prédiction seulement.
- 2e *Personne*... Prédiction et volonté.
- 3e *Personne*... Prédiction et volonté.

On se sert de *would* et de *should* pour conjuguer le conditionnel de *simple énoncé* (ou de *prédiction seulement*) et le conditionnel marquant *désir, volonté, devoir conditionnel*.

7° CAN.... COULD..... — *Verbe pouvoir.* Puissance intrinsèque; exemple : Je puis marcher plus loin, je ne suis pas fatigué. *I can walk farther, i am not tired.*

8° MAY ... MIGHT..... — *Verbe pouvoir.* Puissance extrinsèque; exemple : Je puis marcher plus loin, j'ai la permission. *I may walk farther, i have got permission.*

9° MUST .. MUST ..... — *Obligation, nécessité.* Ce verbe est invariable.

10° OUGHT . OUGHT..... — *Devoir marqué.* ... Ce verbe est invariable. Lorsqu'il est suivi d'un verbe à l'infinitif, on ne retranche pas la préposition *to*.

CONJUGAISON DU VERBE RÉGULIER.

Temps simples.

INFINITIF PRÉSENT.	PARTICIPE PASSÉ.	PARTICIPE PRÉSENT
To gain, gagner.	*Gain-ed*, gagn-é.	*Gain-ing*, gagn-ant.

INDICATIF PRÉSENT.	PRÉTÉRIT DE L'INDICATIF.	PRÉSENT DU SUBJONCTIF.	PRÉTÉRIT DU SUBJONCTIF.
1. *I gain* (je gagne).	*I gained* (je gagnais, gagnai).	*That i gain*, (que je gagne).	*That i gained* (que je gagnasse).
2. *Thou gainest.*	*Thou gainedst.*	*That thou gain.*	*That thou gainedst.*
3. *He gains, gaineth*(*).	*He gained.*	*That he gain.*	*That he gained.*
1. *We gain.*	*We gained.*	*That we gain.*	*That we gained.*
2. *You gain.*	*You gained.*	*That you gain.*	*That you gained.*
3. *They gain.*	*They gained.*	*That they gain.*	*That they gained.*

Temps conjugués par le moyen de verbes auxiliaires.

FUTUR DE SIMPLE ÉNONCÉ (prédiction seulement).	CONDITIONNEL DE SIMPLE ÉNONCÉ.	FUTUR MARQUANT UNE VOLONTÉ DANS CELUI QUI PARLE.	CONDITIONNEL MARQUANT UN DÉSIR A LA 1re PERSONNE, DEVOIR CONDITIONNEL AUX AUTRES.	IMPÉRATIF.
1. *I shall gain* (je gagnerai).	*I should gain* (je gagnerais).	*I will gain.*	*I would gain.*	1. *Let me gain.* Que je gagne.
2. *Thou wilt gain.*	*Thou wouldst gain.*	*Thou shalt gain.*	*Thou shouldst gain.*	2. *Gain.* Gagne.
3. *He will gain.*	*He would gain.*	*He shall gain.*	*He should gain.*	3. *Let him gain.* Qu'il gagne. / *Let her gain.* Qu'elle gagne.
1. *We shall gain.*	*We should gain.*	*We will gain.*	*We would gain.*	1. *Let us gain.* Gagnons,
2. *You will gain.*	*You would gain.*	*You shall gain.*	*You should gain.*	2. *Gain.* Gagnez.
3. *They will gain.*	*They would gain.*	*They shall gain.*	*They should gain.*	3. *Let them gain.* Qu'ils ou qu'elles gagnent.

FORMATION DU VERBE RÉGULIER.

Formation du prétérit et du participe passé. — Pour former le prétérit et le participe passé des verbes réguliers, on ajoute *ed* à l'infinitif : *gain, gained*. Si l'infinitif finit par un *e* muet, on ajoute seulement un *d*.

Formation du participe présent. — Pour former le participe présent, on ajoute *ing* à l'infinitif. Les verbes finissant par *ie* changent *ie* en *y*, afin que deux *i* ne se trouvent pas ensemble : *to lie*, mentir; *lying*.

Formation de la 2e personne du singulier. — Pour former la 2e personne du singulier du prétérit de l'indicatif, du subjonctif et des deux conditionnels, ajoutez *st* au radical. Pour le présent de l'indicatif, la terminaison sera *st* quand le verbe finira par un *e* muet, *est* quand il finira par une consonne. Quant aux deux futurs, le dernier *l* de *shall* et *will* se change en *t*.

Formation de la 3e personne du singulier du présent de l'indicatif. — Pour former la 3e personne du singulier du présent de l'indicatif, on suit la même règle que pour la formation du pluriel dans les noms, de sorte que cette 3e personne se forme comme un pluriel; toutefois *f* final ne se change pas en *ves*. Cette règle s'applique à tous les verbes réguliers et irréguliers, ainsi qu'au verbe *to do* ; les autres verbes auxiliaires font exception.

(*) Cette 3e personne en *eth* ne s'emploie que dans le style solennel et sacré.

SUITE DES VERBES.

LISTE ALPHABÉTIQUE des VERBES IRRÉGULIERS.

VERBES IRRÉGULIERS.

	Infinitif.	Prétérit.	Participe passé.
Demeurer,	to abide,	abode,	abode.
S'éveiller,	awake,	awoke,	awoke (1).
Être.	be	was,	been (2).
Porter, supporter,	bear,	bore,	borne (2).
Produire,	bear,	bare,	born (2).
Battre,	beat,	beat,	beaten, beat.
Commencer,	begin,	began.	begun.
Plier, courber,	bend,	bent,	bent.
Priver,	bereave,	bereft,	bereft (1)
Prier, supplier,	beseech,	besought,	besought.
Ordonner, commander.	bid,	bade, bid,	bidden, bid.
Lier, relier,	bind,	bound,	bound,
Mordre,	bite,	bit,	bitten, bit,
Saigner,	bleed,	bled,	bled.
Souffler,	blow,	blew,	blown.
Casser, rompre,	break,	broke,	broken.
Engendrer,	breed,	bred,	bred.
Apporter,	bring,	brought,	brought.
Bâtir,	build,	built,	built.
Brûler,	burn,	burnt,	burnt.
Crever,	burst,	burst,	burst.
Acheter,	buy,	bought,	bought.
Jeter, lancer,	cast,	cast,	cast.
Attraper, atteindre,	catch,	caught,	caught.
Gronder,	chide,	chid,	chid, chidden.
Choisir,	choose, chuse,	chose,	chosen.
Tendre,	cleave,	clove, cleft,	cloven, cleft (1).
S'attacher, adhérer,	cleave, *rég.*		
S'attacher, se coller,	cling,	clang,	clung.
Habiller,	clothe,	clothed,	clad (1).
Venir,	come,	came,	come (2).
Couler,	cost,	cost,	cost.
Ramper, s'insinuer,	creep,	crept,	crept.
Chanter (comme le coq)	crow,	crew,	crowed (2).
Couper,	cut,	cut,	cut.
Oser,	dare,	durst,	dared (2).
Défier, provoquer,	dare, *rég.*		
En user, en agir,	deal,	dealt,	dealt.
Distribuer, trafiquer,			
Mourir,	die,	died,	died, dead (2).
Creuser, bêcher,	dig,	dug,	dug.
Plonger,	dip,	dipt,	dipt,
Taire,	do,	did,	done (2).
Tuer, détruire,	draw,	drew.	drawn.
Rêver,	dream,	dreamt,	dreamt.
Boire,	drink,	drank,	drunk.
Chasser (devant soi),	drive,	drove,	driven.
Habiter,	dwell,	dwelt,	dwelt.
Manger,	eat,	eat, ate,	eaten (2).
Tomber,	fall	fell,	fallen (2).
Nourrir,	feed,	fed,	fed
Sentir,	fell,	felt,	felt.
Combattre, se battre,	fight,	fought,	fought.
Trouver,	find,	found,	found
S'enfuir,	flee,	fled,	fled (1).
Jeter, lancer, darder,	fling,	flung,	flung.
Voler (avec des ailes),	fly,	flew,	flown (2).
Abandonner,	forsake,	forsook,	forsaken (2).
Geler,	freeze,	froze,	frozen.
Charger, fréter,	freight,	freighted,	fraught (2).
Gagner, acquérir,	get,	got,	got, gotten (1).
Dorer,	gild,	gilt,	gilt.
Ceindre,	gird,	girt,	girt.
Donner,	give,	gave,	given (2).
Aller,	go,	went,	gone (2).
Graver,	grave,	graved,	graven.
Broyer, moudre,	grind,	ground,	ground.
Croître, devenir,	grow,	grew,	grown.
Avoir,	have,	had,	had (1).
Pendre,	hang,	hung,	hung (1).
Entendre (par l'ouïe),	hear,	heard,	heard (1).
Lever, soulever,	heave,	hove.	hoven.
Couper, tailler,	hew,	hewed,	hewn.
Cacher,	hide,	hid,	hidden, hid.
Frapper, donner un coup,	hit,	hit,	hit.
Tenir,	hold,	held,	held, holden (1).
Blesser, nuire,	hurt,	hurt,	hurt.
Garder, tenir,	keep,	kept,	kept.
Tricoter,	knit,	knit,	knit.
Savoir, connaître,	know,	knew,	known.
Charger,	lade,	laded,	laden.
Poser,	lay,	laid,	laid.
Mener, conduire,	lead,	led,	led.
Sauter,	leap,	leapt,	leapt.
Laisser,	leave,	left,	left.
Prêter,	lend,	lent,	lent.
Laisser, permettre, louer,	let,	let,	let.
Coucher,	lie,	lay,	lain (2).
Allumer,	light,	lit,	lit (1).
Charger,	load,	loaded,	loaden.
Perdre,	lose,	lost,	lost (1).
Faire,	make,	made,	made (1).

SUITE DES VERBES IRRÉGULIERS.

	Infinitif.	Prétérit.	Participe passé.
Signifier, vouloir dire,	to mean,	meant,	meant.
Rencontrer,	meet,	met,	met.
Faucher,	mow,	mowed,	mown.
Payer,	pay,	paid,	paid.
Mettre,	put,	put,	put.
Quitter,	quit,	quit,	quit.
Lire,	read,	read,	read.
Déchirer,	rend,	rent,	rent.
Débarrasser.	rid,	rid,	rid.
Aller à cheval,	ride,	rode,	ridden, rode.
Sonner,	ring,	rang, rung,	rung.
Se lever,	rise,	rose,	risen.
Fendre, se fendre,	rive,	rived,	riven.
Courir,	run,	ran,	run.
Scier,	saw,	sawed,	sawn.
Dire,	say,	said,	said.
Voir,	see,	saw,	seen (2).
Chercher,	seek,	sought,	sought.
Mitonner,	seeth,	sod,	sodden (2).
Vendre,	sell,	sold,	sold (1).
Envoyer,	send,	sent,	sent.
Poser,	set,	set,	set.
Secouer,	shake,	shook,	shaken (2).
Raser,	shave,	shaved,	shaven.
Tondre,	shear,	shore,	shorn.
Verser,	shed,	shed,	shed.
Montrer,	shew,	shewed,	shewn.
Luire,	shine,	shone,	shone.
Chausser, ferrer,	shoe,	shod,	shod (1).
Tirer (avec une arme à feu, un arc, etc.),	shoot,	shot,	shot.
Montrer,	show,	showed,	shown.
Hacher.	shred,	shred,	shred.
Se rétrécir,	shrink,	shrank,	shrunk.
Fermer,	shut,	shut,	shut.
Chanter,	sing,	sang, sung,	sung.
S'enfoncer,	sink,	sank, sunk,	sunk.
S'asseoir,	sit,	sat,	sat (1).
Tuer,	slay,	slew,	slain (2).
Dormir,	sleep,	slept,	slept.
Glisser,	slide,	slid,	slidden.
Gronder,	sling,	slang, slung,	slung.
Se dérober,	slink,	slank, slunk,	slunk.
Fendre,	slit,	slit,	slit.
Sentir, flairer,	smell,	smelt,	smelt.
Frapper,	smite,	smote,	smitten,
Semer,	sow,	sowed,	sown.
Parler,	speak,	spoke,	spoken.
Se hâter, prospérer,	speed,	sped,	sped.
Dépenser,	spend,	spent,	spent.
Répandre, verser,	spill,	spilt,	spilt.
Filer,	spin,	spun,	spun.
Cracher,	spit,	spit,	spit, spitten.
Fendre,	split,	split,	split.
Étendre,	spread,	spread,	spread.
S'élancer, jaillir,	spring,	sprang, sprung,	sprung.
Empreindre,	stamp,	stampt,	stampt.
Rester, se tenir, rester debout,	stand,	stood,	stood (1).
Voler, dérober,	steal,	stole,	stolen.
Attacher, plonger, enfoncer,	stick,	stuck,	stuck.
Piquer,	sting,	stung,	stung.
Suer,	stink,	stunk,	stunk.
Enjamber,	stride,	strode, strid,	stridden.
Frapper,	strike,	struck,	struck, stricken (1)
Enfiler,	string,	strung,	strung.
S'efforcer,	strive,	strove,	striven.
Jurer,	swear,	swore,	sworn.
Suer,	sweat,	sweat,	sweat.
Balayer,	sweep,	swept,	swept.
Enfler,	swell,	swelled,	swollen, swoln (2).
Nager,	swim,	swam,	swum.
Balancer,	swing,	swang,	swung.
Prendre,	take,	took,	taken (2).
Enseigner,	teach,	taught,	taught.
Déchirer,	tear,	tore,	torn.
Dire, raconter,	tell,	told,	told (1).
Penser,	think,	thought,	thought.
Prospérer,	thrive,	throve,	thriven.
Jeter,	throw,	threw,	thrown.
Pousser,	thrust,	thrust,	thrust.
Marcher,	tread,	trod,	trodden (2).
Devenir,	wax,	waxed.	waxen.
Porter (comme des habits), user,	wear,	wore,	worn.
Tisser,	weave,	wove,	woven.
Pleurer,	weep,	wept,	wept.
Gagner,	win,	won,	won.
Tourner,	wind,	wound,	wound.
Travailler,	work,	wrought,	wrought (1).
Tordre,	wring,	wrung,	wrung.
Écrire,	write,	wrote,	written.
Tordre, se tordre,	writhe,	writhed,	writhen.

Le nº (1) marque les exceptions au deuxième ordre, le nº (2) les exceptions au troisième ordre. Voyez pour cela le Tableau suivant.

SUITE DU VERBE.

CLASSIFICATION DES VERBES IRRÉGULIERS.

			INFINITIF.	PRÉTÉRIT.	PARTICIPE PASSÉ.

1er ORDRE.
L'infinitif, le prétérit et le participe passé sont le même mot.

Une seule division. | Battre............ | Beat. | Beat. | Beat.

- *bid*, ordonner. — *burst*, crever, éclater — *cast*, jeter. — *cost*, coûter. — *cut*, couper. — *hit*, frapper. — *hurt*, blesser.
- *let*, laisser. — *read*, lire. — *rid*, débarrasser. — *set*, poser. — *shed*, verser. — *shred*, hacher. — *shut*, fermer.
- *slit*, fendre. — *spit*, cracher. — *split*, fendre. — *spread*, étendre. — *sweat*, suer. — *thrust*, pousser.

2e ORDRE.
Le prétérit et le participe passé sont le même mot.

1re CLASSE.
Contraction au prétérit et au participe passé.

1re Division. — On retranche la seconde voyelle de l'infinitif, pour former le prétérit et le participe passé. | Saigner.......... | Bleed. | Bled. | Bled.
- *breed*, produire, engendrer. — *feed*, nourrir. — *meet*, rencontrer. — *speed*, hâter. — *lead*, mener. — *shoot*, tirer.

2e Division. — L'e muet se retranche. | Mordre.......... | Bite. | Bit. | Bit.
- *chide*, gronder. — *hide*, cacher. — *slide*, glisser.

3e Division. — Y se change en id. | Poser............ | Lay. | Laid. | Laid.
- *pay*, payer. — *say*, dire. — *stay*, rester.

2e CLASSE.
Addition d'un t au prétérit et au participe passé.

1re Division. — On ajoute un t à l'infinitif, pour former le prétérit et le participe passé. | Brûler............ | Burn. | Burnt. | Burnt.
- *deal*, en user. — *dip*, plonger. — *dream*, rêver. — *dwell*, habiter (*) — *spill*, répandre.
- *leap*, sauter. — *learn*, apprendre. — *mean*, signifier. — *smell*, sentir (par l'odorat). — *stamp*, empreindre.

2e Division. — Le d de l'infinitif se change en t. | Plier............ | Bend. | Bent. | Bent.
- *build*, bâtir. — *gild*, dorer. — *gird*, ceindre. — *lend*, prêter.
- *rend*, déchirer. — *send*, envoyer. — *spend*, dépenser.

3e Division. — On omet la seconde voyelle, et on ajoute un t. | Ramper.......... | Creep. | Crept. | Crept.
- *feel*, sentir. — *keep*, garder. — *sleep*, dormir.
- *sweep*, balayer. — *weep*, pleurer.

3e CLASSE.
L'i de l'infinitif changé en o, ou et u.

1re Division. — L'i de l'infinitif se change en o. | Demeurer.......... | Abide. | Abode. | Abode.
- *ride*, aller à cheval, en voiture. — *shine*, luire. — *win*, gagner.

2e Division. — L'i se change en ou. | Lier............ | Bind. | Bound. | Bound.
- *find*, trouver. — *grind*, moudre. — *wind*, tourner.

3e Division. — L'i se change en u. | S'accrocher...... | Cling. | Clung. | Clung.
- *dig*, bêcher. — *fling*, jeter. — *shrink*, se rétrécir. — *sink*, s'enfoncer. — *sling*, fronder. — *slink*, se dérober, — *spin*, filer.
- *stick*, s'attacher. — *sting*, piquer. — *stink*, puer. — *string*, enfiler. — *swing*, balancer. — *wring*, tordre.

4e CLASSE.
La dernière syllabe, en commençant de la voyelle, se change en ought ou en aught.

Une seule division. — La dernière voyelle se change en ought ou aught, quand il y a ea ou a à l'infinitif. | Supplier.......... | Beseech. | Besought. | Besought.
- *bring*, apporter, amener. — *buy*, acheter. — *fight*, se battre. — *seek*, chercher.
- *think*, penser. — *catch*, attraper. — *teach*, enseigner.

Il y a 21 verbes qui font exception au second ordre. Leur prétérit et participe passé sont le même mot, mais ils sont formés d'une manière entièrement irrégulière. Il est inutile de les répéter ici, puisqu'ils ne sont soumis à aucunes règles, et qu'ils ont été déjà nommés dans le tableau alphabétique. *Ils sont marqués du nº 1.*

3e ORDRE.
L'infinitif, le prétérit et le participe passé sont différents.

1re CLASSE.
Participe passé formé de l'infinitif par l'addition d'un n.

1re Division. — Le prétérit est régulier. | Tailler.......... | Hew. | Hewed. | Hewn.
- *grave*, graver. — *lade*, charger. — *mow*, faucher. — *rive*, fendre. — *writhe*, se tordre. — *shape*, former. — *saw*, scier. — *shave*, raser. — *show*, montrer. — *snow*, neiger. — *sow*, semer. — *wax*, devenir.

2e Division. — L'i de l'infinitif se change en o au prétérit. | Faire avancer, pousser........ | Drive. | Drove. | Driven.
- *drive*, faire avancer, pousser. — *rise*, se lever. — *shrive*, se confesser. — *smite*, frapper. — *stride*, enjamber. — *strive*, s'efforcer. — *thrive*, prospérer. — *write*, écrire (**).

3e Division. — La diphtongue ow se change en ew au prétérit. | Souffler.......... | Blow. | Blew. | Blown.
- *draw*, tirer. — *grow*, croître. — *know*, savoir, connaître. — *throw*, jeter.

2e CLASSE.
Participe passé formé du prétérit.

1re Division. — La double voyelle de l'infinitif se change en o au prétérit, et l'on ajoute un e muet. — Pour le participe passé, on ajoute un n au prétérit. | Rompre, briser... | Break. | Broke. | Broken.
- *choose*, chuse, choisir. — *freeze*, geler. — *heave*, élever. — *speak*, parler. — *steal*, voler, dérober. — *weave*, tisser.

2e Division. — Le prétérit se forme comme dans la 1re division du participe passé ; on met un n à la place de l'e muet. | Tondre.......... | Shear. | Shore. | Shorn.
- *swear*, faire un serment. — *tear*, déchirer. — *wear*, porter (être revêtu).

3e Division. — L'i de l'infinitif se change au prétérit en a ; au participe passé en u. | Commencer........ | Begin. | Began. | Begun.
- *drink*, boire. — *ring*, sonner. — *sing*, chanter. — *spring*, jaillir, s'élancer. — *swim*, nager.

Il y a 24 exceptions au 3e ordre. Ces verbes se trouvent dans le tableau alphabétique, *marqués du nº 2.*

(*) Dans *dwell*, *smell* et *spill*, on retranche un des deux l au prétérit et au participe passé; exemple : *dwelt*.
(**) Dans *smite*, *stride* et *write*, on double le t et le d au participe; exemple : *smitten*, *stridden*.

ADVERBES, PRÉPOSITIONS ET CONJONCTIONS.

ADVERBES.

FORMATION DES ADVERBES.

Adverbes formés d'adjectifs par l'addition de la terminaison ly. — La plupart des adverbes anglais se forment en ajoutant *ly* aux adjectifs, comme on ajoute *ment* aux adjectifs français pour former des adverbes. Exemple : prudent, *prudently*. Les adjectifs en *ble* changent *e* en *y* : amiable, aimable, *amiably*.

Adverbes formés d'un nom et de la particule a. — Plusieurs adverbes anglais se forment en faisant précéder certains noms par la particule *a*, qui signifie : *à*, *sur*, *en*. Exemple : *afoot*, à pied (*Foot*, pied).

Il y a beaucoup d'autres adverbes dont la formation n'est sujette à aucune règle et que l'usage apprendra.

SYNTAXE DES ADVERBES.

Place que l'adverbe occupe dans une proposition. — Les adverbes précèdent l'adjectif et ordinairement suivent le verbe. On excepte toutefois *seldom*, rarement ; *never*, jamais ; *often*, souvent ; *always*, toujours, qui doivent le précéder.

Adverbe plus répété comme signe de comparaison. — *More*, plus. Quand on répète la comparaison, on met l'article *the* devant *more*, plus, qui est le signe de la comparaison ; alors l'adjectif ou le nom se met immédiatement après *plus*. Exemple : plus nous sommes vertueux, plus notre vie est heureuse, *the more virtuous we are, the more happy is our life*.

Très, trop, si, aussi, combien, devant un participe passé. — *Well*, bien, *Much*, beaucoup, doivent suivre les adverbes suivants quand ils se trouvent devant un participe passé :
- *very*, très.
- *too*, trop.
- *so*, si.
- *as*, aussi.
- *how*, combien.

PRÉPOSITIONS.

PRÉPOSITIONS LES PLUS USITÉES.

- *of*, de ; a tous les sens de la préposition *de*, excepté ceux d'éloignement, de séparation.
- *to*, à, aux ; marque l'attribution, le mouvement.
- *for*, pour.
- *by*, par ; s'emploie seulement pour l'agent et la cause.
- *with*, avec ; s'emploie pour l'instrument.
- *in*, dans ; marque le repos et s'emploie quand on parle d'une grande ville.
- *into*, dans, en ; indique changement et mouvement.
- *within*, dedans.
- *without*, hors, sans.
- *over*, sur, plus de, trop.
- *under*, sous, dessous.
- *through*, à travers, d'un côté à l'autre, par, pour la cause, le motif, la manière.
- *above*, au-dessus.
- *below*, au-dessous.
- *between*, entre ; marquant un intervalle de temps ou de lieu, et le rapport d'une personne ou d'une chose avec une autre.
- *beneath*, dessous.
- *from*, de ; signe de l'ablatif marquant l'éloignement, la séparation.
- *beyond*, au-delà ; préposition relative surtout au lieu, et terme de supériorité.
- *at*, à ; indique le repos.
- *near*, près.
- *up*, en haut.
- *down*, en bas.
- *before*, avant.
- *behind*, derrière.
- *off*, de ; ayant le sens d'éloignement.
- *on*, *upon*, sur, vers, à.
- *among* ; parmi.
- *after*, après.
- *about*, autour, vers, auprès, sur, à peu près.
- *against*, contre, vers.

PRÉPOSITIONS QUI ENTRENT DANS LA COMPOSITION DES VERBES.

Prépositions séparables.
- *after*, après ; *afterthought*, après-pensée (*thought*, pensée).
- *back*, en arrière ; *backbite*, en arrière-mordre, médire (*bite*, mordre).
- *cross*, à travers ; *crossway*, chemin de travers (*way*, chemin).
- *down*, en bas ; *downcast*, à bas-jeté, abattu (*cast*, jeter).
- *ever*, toujours ; *evergreen*, toujours vert (*green*, vert).
- *far*, loin ; *farfetched*, de loin-tiré (*fetch*, aller et apporter).
- *off*, de ; *offspring*, sorti de, enfans (*spring*, jaillir).
- *out*, au-delà ; *outgo*, surpasser, aller au-delà (*go*, aller). Il a aussi le sens de hors : *outlaw*, hors la loi (*law*, loi).
- *over*, sur, plus ; *overpay*, payer plus (*pay*, payer).
- *thorough*, entièrement, parfaitement ; *thoroughbred*, parfaitement élevé (*breed*, élever).
- *under*, sous ; *underline*, sousligner (*line*, ligne).
- *up*, en haut ; *uplift*, lever en haut (*lift*, lever).

Particules dérivées de prépositions séparables.
- *mis*, dérivé de *amiss* qui signifie manque, défaut, mal. *Misuse*, mal user, abuser.
- *gain*, dérivé de *against*, contre ; *gainsay*, contredire (*say*, dire).
- *fore* dérivé de *before*, avant ; *foretell*, dire avant, prédire (*tell*, dire).
- *for*, dérivé de *from*, de (signe de l'ablatif) *forbid*, ordonner loin de, défendre (*bid*, ordonner).

Particules inséparables.
- *a*, signifie sur, en, à ; *afoot* à pied (*foot*, pied).
- *be* : transforme les noms et les adjectifs en verbes. *Behead*, décapiter (*head*, tête) ; *becalm*, calmer. Devant un verbe : il augmente son action. *Besprinkle*, arroser entièrement (*sprinkle*, arroser) ; il rend actifs les verbes neutres. *Bespeak*, commander d'avance un objet (*speak*, parler).
- *en*, transforme en verbe les adjectifs et les noms : *enslave*, rendre esclave (*slave*, esclave).
- *un*, est privatif. *Unjust*, injuste.
- *with*, contre ; *withstand*, tenir contre, résister (*stand*, même signification que *stare*).

CONJONCTIONS.

CONJONCTIONS COPULATIVES (Unissant les phrases entre elles).

- *and*, et.
- *if*, si.
- *that*, que.
- *then*, alors, donc.
- *since*, depuis, puisque.
- *for*, pour.
- *because*, parce que.
- *therefore*, à cause de cela.
- *wherefore*, c'est pourquoi.

CONJONCTIONS DISJONCTIVES (Marquant l'opposition d'une phrase avec une autre).

- *but*, mais.
- *or*, ou.
- *not*, pas.
- *less*, à moins.
- *than*, que.
- *though*, quoique.
- *unless*, à moins que.
- *either*, or, ou—ou.
- *neither*, ni.
- *yet*, cependant.
- *notwithstanding*, nonobstant.

CONJONCTIONS régissant le présent de l'indicatif au lieu du futur.

- *when*, quand.
- *as soon as*, aussitôt que.
- *as long as*, tant que.
- *while*, pendant que.

Ces conjonctions régissent l'indicatif, principalement quand deux futurs se rencontrent dans la même phrase. Exemple : quand j'irai là, vous me suivrez ; *when I go there, you will follow me*. Cette règle ne s'applique pas au composé du futur. Exemple : quand j'aurai été là, vous viendrez ; *when I will have been there, you will come*.

CONJONCTIONS régissant le subjonctif.

On ne fait usage du subjonctif que lorsqu'il s'agit d'un futur incertain, douteux. Ainsi on s'en servira après *if*, si.